BOBBY

FÄHRT MIT DEM ZUG

ARPress
45 Dan Road Suite 15
Canton MA 02021
  Hotline: 1(888) 821-0229
  Fax: 1(508) 545-7580

Bestellinformationen:
Mengenverkauf. Sonderrabatte sind für Mengenkäufe von Unternehmen, Vereinen und anderen verfügbar. Kontaktieren Sie für Details den Verlag unter der oben genannten Adresse.

Gedruckt in den Vereinigten Staaten von Amerika.

  ISBN-13:   Paperback   979-8-89676-640-7
              eBook   979-8-89676-641-4

Library of Congress Control Number: 2026908708

BOBBY

FÄHRT MIT DEM ZUG

JEFFREY LODGE

Illustrationen von Jake Cedeño

„**Hallo Bobby**", sagte sein Vater, als er nach der Arbeit durch die Vordertür hereinkam.

„**Hallo Vater**", antwortete Bobby.

„**Ich bin hungrig**", sagte sein Vater lächelnd und klopfte Bobby auf die Schultern, während er ins Esszimmer ging.

Bobby und sein Vater nahmen ihre üblichen Plätze am Esstisch ein. Bobbys Mutter kam aus der Küche und setzte sich zu ihnen.

„**Bobby hat mir heute fantastisch mit dem Abendessen geholfen**", sagte seine Mutter und lächelte ihm zu.

„**Gut gemacht**", fügte sein Vater hinzu und lächelte Bobby ebenfalls zu.

Die Familie begann mit ihrem Abendessen und unterhielt sich wie gewohnt darüber, wie die Dinge liefen.

Bobbys Mutter sah ihn an. „**Freust du dich auf die Zugfahrt, um deine Großmutter zu besuchen?**"

„**Natürlich**", antwortete Bobby, blickte nach unten und sagte weiter nichts.

„**Deine Antwort klingt nicht sehr überzeugend**", bemerkte sein Vater.

Bobby blieb für einen Moment still.

„**Ich dachte, du freust dich darüber, zum ersten Mal mit dem Zug zu fahren**", sagte seine Mutter.

„**Was stimmt nicht, Bobby?**", fragte sein Vater. Bobby legte seine Gabel ab und sah seinen Vater an.

„**Also, was stimmt nicht, Bob?**", fragte sein Vater erneut.

Bobby zuckte mit den Schultern. „**Es ist halt eine lange Fahrt, etwa vier Stunden oder so, und normalerweise nehmen wir doch das Auto.**"

Sein Vater lächelte. „**Mit dem Zug geht es etwas schneller, und es wird eine neue Erfahrung für dich sein.**"

Bobby nahm schnell einen Bissen von seinem Essen, wischte sich den Mund mit seiner Serviette ab und lächelte seinem Vater zu.

Bobbys Vater konnte spüre, dass Bobby nicht mit dem Zug fahren wollte. **„Du freust dich gar nicht?"**, fragte sein Vater. **„Du warst immer von Zügen begeistert, als du noch jünger warst."**

„Ich weiß", antwortete Bobby. Er blickte seine Eltern an. **„Ich glaube einfach, dass es nicht mehr so viel Spaß machen wird."**

„Also gut", sagte sein Vater, **„gib dem Zug eine Chance, und vielleicht änderst du ja deine Meinung darüber."**

Bobby nickte. **„Gut, ich werde es versuchen. Ich gebe ihm eine Chance."**

Einige Tage später, am Samstagmorgen, hatte Bobby seine Sachen für ein langes Wochenende im Haus seiner Großmutter mit seinen Eltern in einen kleinen Koffer gepackt.

Bobby war sich wegen der Zugfahrt noch immer etwas unsicher, doch seine Vorfreude wuchs im Laufe der Zeit. Bald trafen Bobby und seine Eltern am Bahnhof ein.

Der Bahnhof war an diesem Morgen belebt, und Menschen schienen sich rasch in unterschiedliche Richtungen zu bewegen.

Er zog sein Gepäck hinter sich her und folgte aufmerksam seinen Eltern zu einem wartenden Zug.

Der Schaffner kontrollierte ihre Fahrkarten und sagte freundlich: „Ihr Wagen ist die Nummer drei. Ich wünsche Ihnen eine gute Fahrt."

Bobby und seine Eltern begannen dann, zu Ihrem Wagen zu gehen. In dem Wagen fanden sie bequeme Sitze mit viel Platz zum Ausstrecken vor. Sie brachten ihr Gepäck in der Ablage unter und breiteten sich auf die Reise vor. **„Das ist toll"**, sagte Bobby und sah sich im Wagen um.

TRAVEL

Nach einigen Minuten hörten sie eine Stimme, die ankündigte, dass der Zug nun den Bahnhof verlassen würde.

Bobby bemerkte, dass der Zug Geräusche machte, als er sich in Bewegung zu setzen begann und die Wagen aneinander zogen. Der Zug wurde sanft schneller.

Bobby fand es interessant, durch die großen Fenster alles zu beobachten, das draußen vorüberzog. Der belebte Bahnhof, in dem sie in den Zug gestiegen waren, lag bald in weiter Ferne.

Bobby stellte fest, dass die verschiedenen Gleise in der Ferne zu einem seltsam aussehenden Netz zusammenzulaufen schienen.

Er begann auch das ratternde Geräusch zu bemerken, das von den Schienen kam, auf denen der Zug fuhr. Bald gab es nicht mehr viele große Stadthäuser zu sehen, weil der Zug durch die Vororte fuhr.

Bobby betrachtete weiterhin die Menschen und Autos der Stadt durch die großen Fenster. Schon bald fuhren sie an ein einem großen Park vorüber. Der Park war an diesem Tag voller Menschen, die Sport trieben und ihre Hunde spazieren führten. Bobby schaute zu seinem Vater. **„Es ist interessant, dass Menschen wie in Zeitlupe wirken, wenn man schnell im Zug vorbeifährt."**

Nach einer Weile sah es so aus, als würden die Straßenlaternen, Geschäfte und Firmenschilder schneller an den Fenstern vorbeiziehen.

Bald schien die Stadt zu verschwinden, und mehr Bäume erschienen. Schon bald waren sie im Wald. Die Bäume wurden dichter und ließen das Licht in den Wagen schimmern und tanzen.

Gelegentlich gab es helle Lichtungen im Wald, und die Bauernhöfe und ihre Häuser waren deutlich sichtbar.

Bobby fand es interessant, zu beobachten, wie an den kleineren Bahnhöfen unterwegs Menschen einstiegen und ausstiegen.

Bobby blickte zu seinen Eltern. **„Ich frage mich, wohin alle diese Menschen wollen?"** Sein Vater zuckte mit den Schultern und lächelte.

Bobbys Mutter antwortete dann: **„Ich glaube, viele dieser Menschen werden ihre Verwandten und Freunde besuchen."**

Bobby schaute sich weiter die Aussicht an, während noch einige Minuten verstrichen. **„Lasst uns zu Mittag essen"**, sagte seine Mutter.

„Oh, das klingt gut", antwortete Bobby. Bobby, der sich hungrig zu fühlen begann, folgte seinen Eltern aus dem Eisenbahnwagen zum Speisewagen. Ihm fiel auf, dass die Geräusche des fahrenden Zuges viel lauter wurden, wenn sie von einem Wagen in den nächsten hinübergingen.

Als sie den Speisewagen erreichten, setzten sie sich an einen Tisch und schauten in die Speisekarte.

Bobby wollte Truthahn mit Kartoffelpüree und grünen Bohnen.

Er hatte mit seinen Eltern ein wunderbares Mittagessen! Seine Mutter und sein Vater schienen sich die ganze Zeit zu unterhalten.

Bobby betrachtete weiter durch das Zugfenster die sich verändernde Landschaft, während das Essen serviert wurde.

Schon bald tranken seine Eltern Kaffee, und er entschied, dass er einen Nachtisch wollte.

Nachdem sie die Zeit gemeinsam genossen und zu Mittag gegessen hatten, beschlossen sie, in ihren Wagen zurückzukehren und sich auszuruhen.

Bobby streckte sich in seinem Sitz aus und fühlte sich vom Essen etwas müde. Unter dem rhythmischen Geräusch der Schienen gähnte er, nahm sich ein Kissen für seinen Kopf und schlief ein.

Es schien, als hätte er nur eine kurze Weile geschlafen, als seine Mutter ihn weckte. **„Du solltest besser aufwachen. Wir sind in 15 Minuten da"**, sagte sie. Rasch setzte Bobby sich auf. Er blickte aus den Fenstern, und nun waren Häuser zu sehen.

Bald wurden die Geschäfte deutlicher erkennbar, als sie wieder in eine große Stadt kamen. Die größeren Gebäude und belebten Straßen erschienen erneut.

Er sah, wie der Autoverkehr hinter den blinkenden Warnkreuzen wartete. Der Zug wurde langsamer. Bald bewegte sich der Zug leise und fuhr langsam in den Schatten eines großen Bahnhofs.

Wieder bewegten sich in dem belebten Bahnhof Menschen in alle Richtungen.

TRAIN STATION

„Oh, hier lebt Oma", sagte Bobby zu seinen Eltern. Die Fahrt war schöner gewesen, als er erwartet hatte. Er sah so viele interessante Dinge aus einer anderen Perspektive. Er hatte auch viel Zeit gehabt, um sich mit seinen Eltern zu unterhalten und mit Ihnen zu Mittag zu essen.

Schließlich hielt der Zug und sie hörten eine Durchsage, dass sie nun ihr Gepäck aus der Ablage holen sollten, wenn sie an diesem Bahnhof ausstiegen.

Bobby und seine Eltern nahmen rasch ihr Gepäck aus den Ablagen und gingen den Korridor entlang zum Ausgang. Bobby freute sich darauf, seine Großmutter zu sehen. Als er aus dem Zug stieg, sah er seine Großmutter, die zusammen mit anderen Menschen auf dem Bahnsteig wartete. Sie winkte und lächelte.

„Das war eine schöne Zugfahrt", sagte Bobby zu seinen Eltern. Dann lief Bobby schnell zu seiner Großmutter und umarmte sie.

DAS ENDE